Guia para a

VIDA

SEJA OS 5% DAS PESSOAS FODAS!

EDITORA AlfaCon

FÁBRICA DE VALORES

Diretor Presidente
Evandro Guedes
Diretor da Editora / Operações e Gestão
Javert Falco
Diretor de Marketing / TI
Jadson Siqueira
Coordenação Editorial
Wilza Castro
Fabio Oliveira
Supervisão Editorial
Mariana Castro
Supervisão de Editoração
Alexandre Rossa

Analista de Conteúdo
Mateus Ruhmke Vazzoller
Assistente Editorial
Tatiane Zmorzenski
Revisão Ortográfica
Giancarla Bombonato
Capa
Nara Azevedo
Projeto Gráfico e Finalização
Nara Azevedo
Editoração Eletrônica
Nara Azevedo

G957cin

GUEDES, Evandro. Guia para a Vida. Seja os 5% das Pessoas Fodas! Editora AlfaCon. Cascavel-PR, 2019.
160 p. 12 x 16,5 cm
ISBN: 978-85-8339-462-4

Organização financeira. Relacionamento. Crescimento pessoal. Inteligência emocional. Saúde. 66 dias.

CDU: 13

Data de fechamento 1ª impressão: 05/06/2019

Dúvidas?
Acesse: www.alfaconcursos.com.br/atendimento
Rua: Paraná, nº 3193, Centro - Cascavel/PR
CEP: 85.810-010
SAC: (45) 3037-8888

Apresentação

O **sucesso** está intimamente ligado ao que você está programado para fazer. Nesse processo, as programações costumam ser, em sua maioria, ruins! Por esse motivo, é necessário reprogramar-se. Para isso, você deve fazer **afirmações positivas**, como "Eu posso, eu consigo!". De tanto repetir esses estímulos diários, seu **subconsciente** vai acreditar, executar e transformar você nos **5%** que fazem a **diferença no mundo** e conseguem **chegar ao topo**!

Este livro vai guiá-lo com afirmações positivas diárias com o objetivo de torná-lo **vencedor** e afirmar a si mesmo que a vida não ficará entre você e seus sonhos. Não se importe com críticas e com aquilo que pensam de você. O importante é no que você acredita e no que fará para mudar sua própria história!

As maiores lendas que conheço venceram porque superaram os desafios que lhes foram apresentados. E é exatamente isso que eu quero propor a você: **vencer desafios**!

O mais importante é estar disposto a sair do senso comum e se **transformar** em uma pessoa de sucesso.

Simplesmente **vá lá e faça**. Com certeza, coisas extraordinárias acontecerão em sua vida!

Desperte rápido ou vai viver sem saborear o milagre que é estar vivo!

Sobre o autor:

Nascido no interior do Rio de Janeiro, na cidade de Barra do Piraí, filho de um motorista de táxi e de uma costureira.

Começou a trabalhar aos 12 anos, foi policial militar do estado do Rio de Janeiro por mais de 10 anos, agente penitenciário federal por 08 anos e aprovado em 12 importantes concursos públicos, como os da Polícia Federal e Polícia Rodoviária Federal.

Professor de Direito Administrativo e Direito Penal e CEO-presidente do AlfaCon.

Ministra palestras com o objetivo de transformar a vida de pessoas por meio de valores, com orientações simples, claras, verdadeiras e por vezes dolorosas, para que pessoas comuns se transformem em pessoas de sucesso, juntando-se aos 5% daqueles que estão no topo.

Eu acredito que a natureza humana tem em sua essência ser melhor todos os dias. Por isso, a caminhada para o sucesso começa desde que somos pequenos. Dessa forma, é possível chegar aos 5%.

LEÕES

andam com

LEÕES.

Reflexão sobre o tema.

A vida é

MUITO CURTA
para VOCÊ
se lamentar e ficar infeliz.
Acorde TODOS os DIAS
antes das 05 horas
e sentirá uma enorme satisfação
ao deitar-se
para dormir.

Reflexão sobre o tema.

Um dos sentimentos mais

·········**TRISTES**·········

da vida é o remorso.

Em outras palavras,
olhar para trás

E PERCEBER QUE

PODERIA TER SIDO,
TER FEITO E TER
REALIZADO

MUITO MAIS!

Reflexão sobre o tema.

SOZINHOS

podemos realmente

caminhar mais rápido.

Porém, se temos ao NOSSO *lado*

ALGUÉM com

os mesmos IDEAIS,

CERTAMENTE vamos +

LONGE.

Reflexão sobre o tema.

GRANDES
conquistas
aparecem nos
mais DIFÍCEIS
e COMPLICADOS
momentos.

Aproveite-os!

Reflexão sobre o tema.

O SUCESSO depende:

DA QUANTIDADE DE **ENERGIA** QUE **VOCÊ** EMPREGA NOS SEUS PROJETOS;

da real definição de um **FOCO**;

E DO INVESTIMENTO QUE É FEITO **EM SI MESMO!**

Reflexão sobre o tema.

Para se ter
uma *vida*
extraordinária
é necessário
CULTIVAR HÁBITOS
de pessoas que já são
BEM-SUCEDIDAS,
atitude que a
grande maioria

SIMPLESMENTE IGNORA.

Reflexão sobre o tema.

É medíocre, banal, irrelevante

e insignificante aquele

que não assume o compromisso diário

de aprender, de crescer e de melhorar a si mesmo.

QUEIRA PERMANECER NOS 5%

que estão no TOPO,

E **NÃO NOS 95%**

que são MEDIANOS ....

E MEDÍOCRES.

Reflexão sobre o tema.

95% DAS PESSOAS

vive de forma MEDÍOCRE,

ou seja, não são capazes de realizar algo.

NÃO SEJA ASSIM.

Junte-se aos **5%**

daqueles que estão no **TOPO** *e realmente*

alcançaram

o **SUCESSO**

Reflexão sobre o tema.

Sua VIDA

está

intimamente ligada

À FORMA DE ENXERGAR

o mundo.

Pensamentos negativos

atraem o INSUCESSO

e as crenças DESTRUTIVAS.

Reflexão sobre o tema.

SEJA UMA PESSOA *determinada.*

LEVANTE-SE pela manhã com a intenção de praticar *atividades proativas* que ajudem a MELHORAR seu mundo interior

e exterior.

Reflexão sobre o tema.

Para superar
o desafio
de vencer na vida
e ter SUCESSO,
É NECESSÁRIO TER PACIÊNCIA,
constância e FOCO.
NÃO É O TALENTO QUE DETERMINA
um VENCEDOR.
É simplesmente esperar
aqueles que são
fracos ficarem pelo
caminho.

Reflexão sobre o tema.

É importantíssimo

haver FRANQUEZA em suas **ATITUDES.**

A falta disso impede

o fluxo de

IDEIAS CRIATIVAS,

inviabiliza ações que exigem

rapidez e faz com que **UMA PESSOA**

não desenvolva todo o **potencial**

que tem a **OFERECER.**

Reflexão sobre o tema.

NÃO SE CONDENE QUANDO

você errar.

No entanto,

lembre-se:

compete a você

consertar.

Reflexão sobre o tema.

As pessoas mais

INCRÍVEIS

e reconhecidas são aquelas

QUE SOFRERAM ALGUMAS PERDAS,

tiveram de se superar e,

especialmente, se doaram

por uma CAUSA.

Reflexão sobre o tema.

Não existe fórmula

MÁGICA

para o SUCESSO.

O SEGREDO está na dedicação intensa,

no foco de seus objetivos e,

principalmente,

em suas renúncias.

Reflexão sobre o tema.

O GRUPO RESTRITO de
5% das **pessoas**
que farão **SUCESSO**
deve estar **PREPARADO**
para *cair* e **levantar.**

Reflexão sobre o tema.

Aprenda dizer

NÃO.

Tenha **FOCO** em suas metas.

O **SUCESSO** não acontece

se você disser

SIM a TUDO.

Reflexão sobre o tema.

TUDO SE RESUME

a gente.

Aposte

incansavelmente

em VOCÊ.

Reflexão sobre o tema.

Quem planeja colhe
o futuro que quer
e não o FUTURO
que *vier*.

Reflexão sobre o tema.

AO LADO
DE UMA
GRANDE
PESSOA,

EXISTE
OUTRA
MUITO
"FODA"!

Reflexão sobre o tema.

Tenha certeza de que

os opostos **NÃO**

se atraem.

Você já VIU a preguiça

atrair a vontade?

Continue sua caminhada.
O importante é criar metas
para cada campo de orientação
e ir buscá-las incessantemente,
porque uma vida de conquistas é
feita por metas!

O SEU **SUCESSO**

É MEDIDO,

julgado por **aquilo**

que VOCÊ teve de

desistir

para poder

conquistá-lo.

Reflexão sobre o tema.

Não perca seu *TEMPO*

com **aquilo** que

não depende de **VOCÊ**.

Foque **NAQUILO** que

realmente você consegue

controlar.

Seja **PROATIVO**.

Reflexão sobre o tema.

VALORIZE AS PESSOAS

que **VOCÊ** permitiu que

entrassem em sua *vida.*

NUNCA subestime a influência

que *elas* podem *exercer*

sobre **VOCÊ.**

Reflexão sobre o tema.

NÃO existe

falta de *TEMPO.*

Existe **sim**

É falta ....

de **prioridade.**

Reflexão sobre o tema.

FAÇA UMA PERGUNTA

a si mesmo:

o que estou fazendo **hoje**

está me deixando

MAIS próximo de

onde quero ESTAR

amanhã?

Reflexão sobre o tema.

O

coração

tem RAZÕES

que a própria

RAZÃO

desconhece.

Blaise Pascal

Reflexão sobre o tema.

Duas PESSOAS

podem olhar

pela MESMA JANELA

e enxergar

horizontes

diferentes.

Reflexão sobre o tema.

AFIAR

o **machado**

antes de cortar a árvore

é um dos segredos

do **SUCESSO.**

Reflexão sobre o tema.

É NA
SUBIDA
que a canela
engrossa.

Reflexão sobre o tema.

ESPELHE-SE

em pessoas de SUCESSO.

Reflexão sobre o tema.

COM RARAS EXCEÇÕES,
O **sucesso**
NÃO tem relação
com talento,
mas com *esforço,*
paciência e dedicação
intensa aos
seus **OBJETIVOS.**

Reflexão sobre o tema.

O BOM

é

INIMIGO DO

ÓTIMO!

Reflexão sobre o tema.

Somente aceite

uma **CRÍTICA**

se for feita

por alguém

que é **MELHOR**

do que ....

você.

Reflexão sobre o tema.

TOME AS RÉDEAS

de sua *vida*.

Jamais permita

que alguém faça

as **escolhas**

por **VOCÊ**.

Reflexão sobre o tema.

APENAS
recue
se for para
TOMAR
impulso.

Reflexão sobre o tema.

Quando você olhar

para trás e analisar

o seu *passado*,

certamente irá se arrepender

muito + DAS COISAS

que deixou de fazer

do que daquilo

que **FEZ.**

Reflexão sobre o tema.

Não adie!

Faça aquilo

que tiver de fazer

no *momento*

em que precisar ser feito.

Acredite,

O SUCESSO VEM!

Reflexão sobre o tema.

DINHEIRO NÃO SE PEDE

a Deus.

Para obtê-lo,

você precisa trabalhar,

ganhar e administrar.

A Papai do Céu você agradece

por estar vivo, por ter saúde

e por ter **FORÇA**

para seguir em frente,

independentemente dos **DESAFIOS**

que estão por vir.

Reflexão sobre o tema.

UMA MENTE que se

expande

jamais retorna

ao tamanho

ORIGINAL.

Albert Einstein

Reflexão sobre o tema.

Se quiser ter uma

VIDA FELIZ,

envolva-se e

comprometa-se

com suas METAS.

Reflexão sobre o tema.

TENHA METAS

bem definidas e seja comprometido

com tudo o que *FAZ.*

Pare de culpar

os outros pelo fracasso.

ASSUMA a responsabilidade

por todas as áreas

de sua *VIDA.*

Reflexão sobre o tema.

JAMAIS DECIDA

fazer **nada** apenas

porque **você**

pode realizar

pouco.

Reflexão sobre o tema.

Chegar ao topo é estar nos 5% de pessoas que fazem a diferença no mundo. Tudo isso está ligado a três pontos principais: corpo, mente e alma!

Em algum

MOMENTO da

VIDA,

você tem que

MUDAR,

sair DA zona de conforto

e fazer o

DIFERENTE.

Reflexão sobre o tema.

Deus adormece

OS LÍDERES

para **testar**

os **liderados**,

pois uma **EQUIPE ALINHADA**

é o que realmente

ele quer.

Reflexão sobre o tema.

SÃO AS ESCOLHAS

DE HOJE

que determinam

nosso futuro!

Reflexão sobre o tema.

O **mundo**

não é um lugar azul,

é cinza, sombrio.

O grupo restrito de **5%,**

que fará SUCESSO,

deve estar preparado

para cair, levantar,

seguir em frente

e fazer o seu

mundo *azul.*

Reflexão sobre o tema.

NADA NESTA

vida

é óbvio.

Merdas acontecem.

Por isso, tudo,

absolutamente **TUDO,**

TEM QUE TER UM

DONO!

Reflexão sobre o tema.

Aprenda a dizer

não.

Tenha **FOCO**

em suas metas.

O **SUCESSO**

NÃO acontece se

você disser

sim a tudo.

Reflexão sobre o tema.

QUEM

planeja

terá certamente

o **FUTURO**

que quer, e

NÃO aquele que

vier.

Reflexão sobre o tema.

Os bons pensamentos
organizados
e executados
com convicção
fazem com que as
TRANSFORMAÇÕES
comecem a
ACONTECER.

Reflexão sobre o tema.

NÃO pense que
o *caminho* para o
sucesso é *fácil.*
Saiba que o caminho
+ *rápido* para
o CÉU é o atalho
PARA O **INFERNO!**

Reflexão sobre o tema.

Abastecemos

o corpo

com exercícios físicos

e alimentação!

A MENTE com

leitura e escrita!

E por FIM

a alma com

oração!

Reflexão sobre o tema.

O INSUCESSO DECORRE EXATAMENTE

do INDIVIDUALISMO,

da GANÂNCIA e da tentativa

de encurtar os caminhos

NECESSARIAMENTE

DOLOROSOS.

Reflexão sobre o tema.

DINHEIRO E SUCESSO não mudam *as pessoas!* Apenas EVIDENCIAM o que já estava *lá!*

Will Smith

Reflexão sobre o tema.

TRANSFORME TODO
fracasso e
frustração
em inspiração!

Sylvester Stallone

Reflexão sobre o tema.

O FUTURO

tem muitos nomes:

para os fracos,

é o inalcançável,

para os temerosos

é o desconhecido,

E PARA OS VALENTES

é a oportunidade.

Reflexão sobre o tema.

Proteger alguém com
baixo desempenho
nem sempre dá certo.
NO ENTANTO,
o pior de tudo
é proteger quem
NÃO EXERCE
suas funções a contento
e é prejudicial
para si mesmo.

Jack Welch

Reflexão sobre o tema.

A PIOR COISA QUE

posso ser,

é ser igual

a todo mundo.

EU ODEIO ISSO!!!

Arnold Schwarzenegger

Reflexão sobre o tema.

CUIDADO COM QUEM
está ao seu lado!
A pessoa CERTA
pode te guiar ao **TOPO**,
com os 5% que chegaram
à vitória.
A errada pode
te levar direto
• • • • • • para o Precipício.

Reflexão sobre o tema.

VOCÊ **PODE**

abrir a boca e reclamar,

ou abrir a mente

e aprender.

O dia será o mesmo,

o resultado

NÃO!

Reflexão sobre o tema.

ESTAR QUEBRADO

é temporário;

a pobreza

é eterna!

Robert Kiyosaki

Reflexão sobre o tema.

SIGA SEUS **HERÓIS** !

Espelhar-se em pessoas

BEM – SUCEDIDAS

nos garante

um caminho certo

para o

SUCESSO.

Reflexão sobre o tema.

QUANDO **VOCÊ** PERCEBER

e entender

SEUS ERROS E FALHAS,

vai alcançar

em meses o que não

ALCANÇARIA EM ANOS.

Reflexão sobre o tema.

As falhas são
as molas propulsoras
para o **SUCESSO**
se você *aprender*
com elas!

NÃO TENHA
medo **de falhar!**

Reflexão sobre o tema.

Deixe um legado! Viva uma vida boa e honrada! Assim, quando envelhecer e olhar para trás você irá curtir cada momento por uma segunda vez.